스티븐 호킹의 나와 우주

초판 1쇄 인쇄 2024년 04월 10일   초판 1쇄 발행 2024년 04월 25일

글 스티븐 호킹 • 루시 호킹   그림 신 리   옮김 최지원

펴낸이 이상순   주간 서인찬   영업지원 권은희   제작이사 이상광

펴낸곳 (주)도서출판 아름다운사람들   주소 (10881) 경기도 파주시 회동길 103
대표전화 031-8074-0082   팩스 031-955-1083   이메일 books777@naver.com   홈페이지 www.book114.kr
ISBN 978-89-6513-795-5 77840

YOU AND THE UNIVERSE by Stephen Hawking, Lucy Hawking, illustrated by Xin Li
Text copyright © 2024 by Spacetime Publications Ltd. and Lucy Hawking
Jacket art and interior illustrations   copyright © 2024 by Xin Li
All rights reserved including the right of reproduction in whole or in part in any from.
This Korean edition was published by Beautiful People in 2024 by arrangement with Random   House Children's Books, a division of Penguin Random House LLC through KCC(Korea Copyright Center Inc.), Seoul.

이 책은 (주)한국저작권센터(KCC)를 통한 저작권자와의 독점계약으로 (주)도서출판 아름다운사람들에서 출간하였습니다.
저작권법에 따라 한국 내에서 보호를 받는 저작물이므로 무단 전재와 복제를 금합니다.

이 도서의 국립중앙도서관 출판예정도서목록(CIP)은 서지정보유통지원시스템(http://seoji.nl.go.kr)과
국가자료종합목록구축시스템(http://kolis-net.nl.go.kr)에서 이용하실 수 있습니다. (CIP제어번호 : CIP2020046116)

STEPHEN HAWKING
스티븐 호킹의 나와 우주

글 스티브 호킹 · 루시 호킹　그림 신 리　옮김 최지원

나는 몸도 움직이지 못하고, 말도 컴퓨터를 통해야만 할 수 있어. 하지만 내 영혼은 자유로워.

평생 마음속으로 드넓은 우주를
마음껏 누비고 다녔거든.

우주는 얼마나 클까?

별은 전부 몇 개나 될까?

시간 여행은 정말로 가능할까?

하지만 세상엔 다른 중요한 문제도 있어.
그 답은 너희가 마저 찾아주지 않을래?

어떻게 하면 우리가
서로를 도울 수 있을까?

어떻게 하면 지구를
살릴 수 있을까?

어떻게 하면 우리가 원하는
미래를 만들 수 있을까?

함께 바꿔 봐요.

나이와 상관없이 누구나
이런 문제를 고민하고
답을 찾을 수 있어.

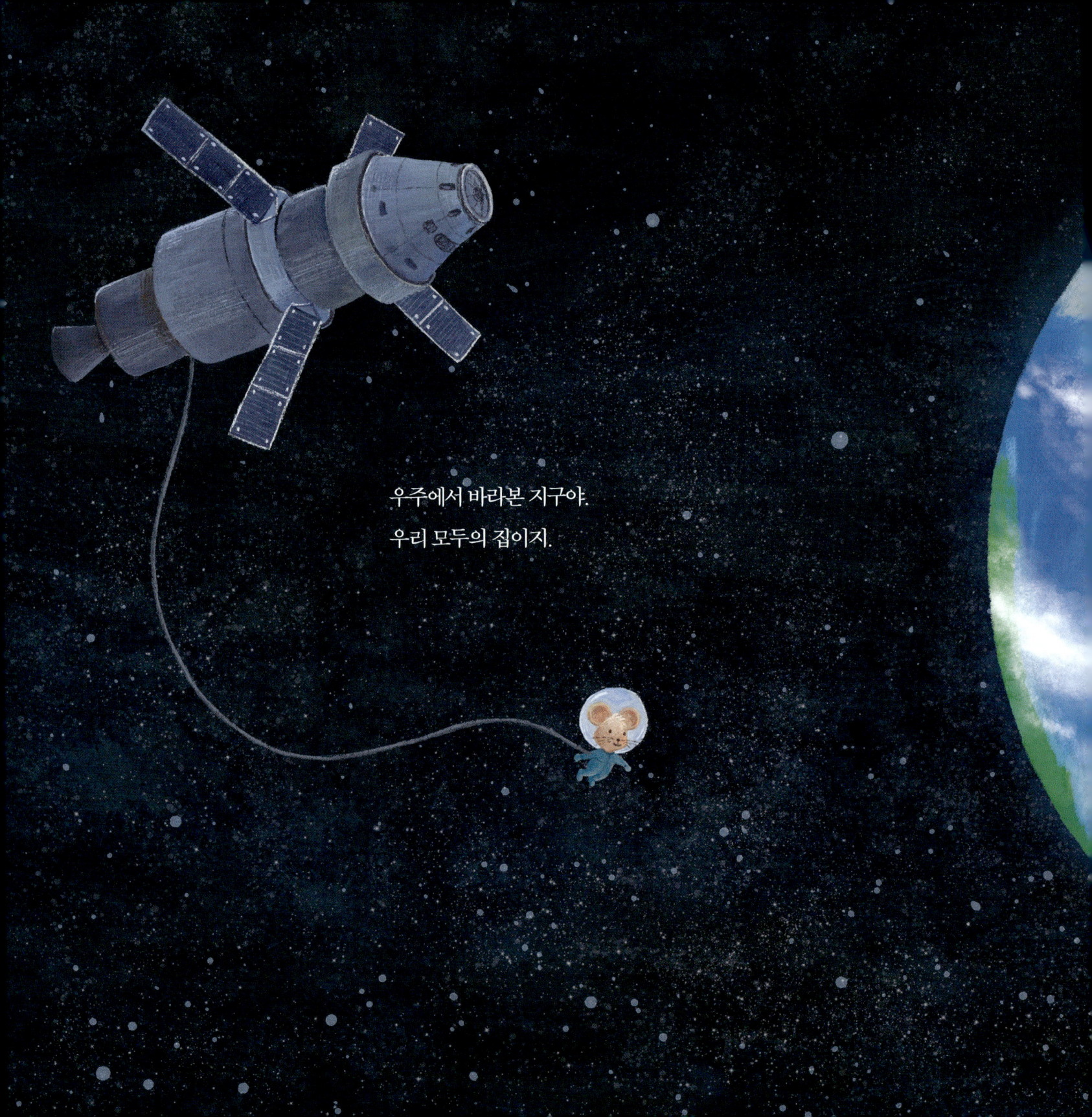
우주에서 바라본 지구야.
우리 모두의 집이지.

우린 같은 별에 사는 거대한 가족이야.

우린 여기 함께 살고 있어.

그러니 서로 존중하며 친절을 베푸는 법을 배워야 해.
모두가 소중하고 사랑받는다는 것을 느낄 수 있도록.

나는 연구를 통해 사람들에게
우주에 관한 많은 것을 알려주었어.

하지만 내가 사랑하고 나를 사랑하는
사람이 없다면 우주는 텅 빈 공간에 불과해.

우린 다 함께 미래를 향해 나아가는 시간 여행자들이야.

지구의 날
미래
바다를 깨끗이 청소해 주세요
금요일은 미래를 위해 행동하기

우린 용감해.

우린 행동해.

우리가 가고 싶은 미래를

우리 손으로 직접 만들 수 있어.

어떻게 하면 좋을지 모를 때는
고개 숙여 땅만 보지 말고
하늘의 별을 올려다 보렴.

우주는 모든 별들이 저마다의 방식으로
충분히 빛날 만큼
무한히 크다는 걸 알게 될 거야.

스티븐 호킹 아저씨, 궁금해요!

블랙홀 안에는 뭐가 있나요?

블랙홀은 원래 아주 커다란 별이었어요. 별에서는 핵융합이 일어나면서 빛이 발생하죠. 이렇게 별이 탈 때, 원소라는 새로운 물질이 생겨나요. 우리가 들이마시는 산소나 치아에 있는 칼슘, 값비싼 귀금속인 금도 이러한 원소예요. 아주 커다란 별이 연료를 남김없이 태우고 나면, 초신성이라는 거대한 폭발이 일어나요. 그러면 별의 바깥층이 뜨거운 가스와 먼지로 이루어진 거대한 구름이 되어 우주 전역으로 퍼져나가죠. 여러분과 나, 우리 가족과 친구들은 물론이고, 지구상의 모든 생명체는 이러한 우주 먼지로 만들어졌어요.

별이 폭발한 후에는 내부의 핵만 남아요. 그런데 이 별이 아주 커서, 태양보다 두 배 이상 크다면, 핵이 붕괴하면서 블랙홀이 만들어져요! 블랙홀은 힘이 어마어마하게 세서, 가까이 다가오는 모든 것을 끌어당겨요. 별과 행성의 부스러기나 모든 종류의 우주 쓰레기가 그 안으로 빨려 들어가죠. 과학자들은 블랙홀의 아름다운 모습을 사진으로 찍는 데 성공했어요. 하지만 블랙홀은 너무 멀리 있어서 아직 아무도 가본 적이 없죠. 언젠가는 그 안을 들여다볼 수 있는 날이 올지도 몰라요!

우주에는 별이 몇 개나 있나요?

맑고 깜깜한 밤, 주변에 다른 불빛이 없으면, 우리는 별을 볼 수 있어요. 너무 많아서 다 세기 힘들 정도죠. 별을 연구하는 과학자를 천문학자라고 해요. 그들은 지구나 우주에 설치한 망원경으로 아주 먼 곳을 관찰하죠. 망원경과 강력한 컴퓨터를 이용해, 천문학자들은 하늘의 지도를 만들어요. 그렇게 해서 우리 은하에 약 천억 개의 별이 있다는 걸 알아냈죠. 그렇다면 우주 전체에는 약 10억 조에 가까운 별이 있을 거예요. 그걸 다 세려면 손가락이 엄청나게 많이 필요하겠죠!

우주는 얼마나 큰가요?

간단히 말하자면… 무지막지하게 커요! 우선 가까이서 시작해 보죠. 달은 지구에서 38만 킬로미터 떨어져 있어요. 우주선을 타고 달까지 가려면 3일 정도 걸리죠. 우리 태양계는 태양 주위를 회전하는 행성과 물체로 이루어져 있어요. 태양계 안에서 지구와 가장 가까운 행성은 화성이에요. 그런데도 둘 사이의 거리는 아주, 아주 멀어요. 우주선을 타고 화성까지 가는 데만 9개월 정도가 걸리거든요.

태양계에서 우리 은하 전체로 시야를 넓히면, 우주가 얼마나 큰지 짐작해 볼 수 있어요. 빛의 속도로 달리는 초고속 우주선을 타고 우리 은하를 한 바퀴 돌아보는 데만 15만 년이 걸린대요!

게다가 우리 은하는 우주에 있는 수십억 개의 은하 중 하나일 뿐이에요. 그러니 전체 은하계의 모든 별과 행성, 블랙홀, 소행성이 들어있는 우주 공간은 어마어마하게 크겠죠. 우리는 오직 망원경을 통해 우주 일부를 볼 수 있고, 그것을 관측 가능한 우주라고 불러요. 관측 가능한 우주의 크기는 930억 광년이에요.(관측 가능한 우주의 한쪽 끝에서 다른 쪽 끝까지 빛이 옮겨가는 데 930억 년이 걸린다는 뜻이죠.)

우리 인간은 그렇게 멀리 가보지 못할 수도 있고, 먼 우주에서 무슨 일이 일어나고 있는지 영영 알지 못할 수도 있어요. 우리가 아는 한, 우주는 무한해요. 아무리 가도 가도 끝이 없고, 우리가 파악할 수 있는 것보다 훨씬 더 크죠.

시간 여행은 가능한가요?

시간 여행을 할 수 있다면, 여러분은 어느 시대, 어느 장소로 가고 싶나요? 공룡을 보러 수백만 년 전으로 가보고 싶나요? 아니면 최초의 인류가 살던 오래전 지구가 어떤 모습이었는지 확인해 보고 싶나요?

태양이나 다른 별들은 멀리 있어서, 그 빛이 우리한테 오기까지는 시간이 오래 걸려요. 그래서 우리가 반짝이는 별을 보고 있을 때, 그 별은 더 이상 존재하지 않을 수도 있어요. 우리 눈에 보이는 태양은 지금 이 순간이 아니라 8분 전의 모습이래요!

그럼, 미래로 여행을 가보는 건 어떨까요? 사실 우리는 매일 그 여행을 하고 있어요. 매 순간, 우리가 살고 있는 현재는 조금 전까지 미래였던 곳이니까요! 그러니 우리가 가고 싶은 미래를 만들기 위해 다 함께 노력해야 해요. 우리 모두 결국 그곳으로 가게 될 테니까요.

외계인이 정말로 있나요?

우리와 다른 행성에 살고, 우리가 아는 생물과는 다르게 생긴 생명체를 '외계인'이라고 해요. 정말로 있는지는 아무도 확실히 모르지만, 과학자들은 외계인을 찾고 있어요. 우주에 다른 생명체가 존재한다는 신호를 포착하려고, 천문학자들은 전파 망원경으로 우주의 소리를 '들어요.' 하지만 그냥 듣기만 하는 건 아니에요. 누군가 우리의 말을 들어줄지도 몰라, 우주로 메시지를 쏘아 보내기도 해요!

아직까지는 아무런 답도 돌아오지 않았어요. 하지만 그렇다고 외계인이 없다는 뜻은 아니에요. 우리와는 아주 다른 형태의 생명체가 존재할 수도 있고, 너무 멀리 있어서 연락이 안 되는 걸 수도 있어요. 아니면 이미 우리에게 메시지를 보냈는데, 우리가 읽어내지 못한 걸 수도 있죠.

밤하늘을 올려다보면 뭐가 보이나요? 저기 어딘가에 우리와는 다른 생명체가 살고 있을 것 같나요? 그들은 과연 어떻게 생겼을까요?

스티븐 호킹과 '지구의 날' 메시지

스티븐 호킹은 역사상 가장 위대한 과학자 중 한 명이에요. 그의 연구는 지금까지도 큰 영향을 미치고 있죠! 스티븐 호킹은 블랙홀의 성질과 우주의 시작에 관한 중요한 비밀을 밝혀냈어요. 그는 자신과 동료 과학자들이 연구한 내용을 모든 사람에게 가르쳐주고 싶어 했어요. 그래서 최대한 많은 사람이 쉽고 흥미롭게 접할 수 있도록, 복잡한 과학을 간단히 설명할 방법을 오랫동안 고민했죠.

스티븐 호킹은 미래의 과학자들에게 소중한 유산을 남겨주려 했어요. 생애 말년에 그는 과학과 기술의 중요성, 지구상의 모든 인간이 공유하는 미래, 그리고 중요한 문제를 해결할 수 있는 인류의 능력에 관해 힘주어 이야기했죠. 이 메시지는 '지구의 날'에 유럽우주국을 통해 방송되었고, 스티븐 호킹의 삶과 그의 업적을 기념하는 의미에서 전파 망원경을 통해 블랙홀로 전송되었어요.

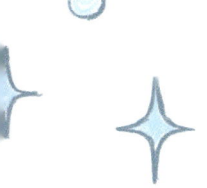

아주 간단한 메시지이지만, 거기엔 깊은 의미가 담겨 있어요. 이 책은 그 메시지를 어린이에게 전달할 수 있도록 만든 거예요. 스티븐 호킹은 나이가 많든 적든, 이 세상 구석구석에 있는 모든 사람에게 자신의 메시지가 전달되길 원했거든요.

《스티븐 호킹의 나와 우주》는 지구와 우주에 관심이 많은 어린 과학자를 위해 제작되었어요. 스티븐 호킹은 과학이 재미있고, 매력적이고, 사람을 차별하지 말아야 한다고 생각했어요. 이 책을 통해서 지구에 사는 어린 친구들과 우주의 신비를 함께 하려는 그의 사명은 계속됩니다.